Der Aufkleberkrieg in Schwerin
Von Antifa und Sinnlosigkeit

AF191333

Vincent Hohne

Der politische Aufkleberkrieg in Schwerin

Von Antifa und Sinnlosigkeit

Bibliografische Information der Deutschen Nationalbibliothek
Die Deutsche Nationalbibliothek verzeichnet diese Publikation in der Deutschen Nationalbibliografie; detaillierte bibliografische Daten sind im Internet über http://dnb.d-nb.de abrufbar.

ISBN: 978-3-7693-0582-1

19,99 Euro

Willkommen in Schwerin, einer Stadt, die nicht nur für ihre historischen Bauwerke und malerischen Seen bekannt ist, sondern auch für den kreativen, oft chaotischen Aufkleberkrieg, der ihre Straßen belebt. Hier, zwischen den prunkvollen Fassaden und den schattigen Gassen, entblättern sich täglich die Konflikte, Ideologien und Loyalitäten der unterschiedlichsten politischen Strömungen. Auf jedem Laternenpfahl, jeder Mauer und jedem verfügbaren Platz findet sich ein bunter Flickenteppich aus Aufklebern – ein visuelles Manifest der Überzeugungen und Kämpfe, die die Stadtgemeinschaft prägen.

Inmitten dieser kreativen Kriegsführung stehen nicht nur politische Gruppierungen – von den linksextremen Aktivisten bis hin zu den rechten Bewegungen – sondern auch die leidenschaftlichen Fans von Hansa Rostock, deren Sticker mit ihren eigenen Botschaften und Symbolen das Stadtbild bereichern. Die Straßen Schwerins verwandeln sich in ein Schlachtfeld der Ideologien, wo das Anbringen eines Aufklebers mehr ist als nur ein Akt des Protests; es ist eine Erklärung, eine Aufforderung zur Auseinandersetzung und ein Zeichen des Engagements.

Der Aufkleberkrieg ist jedoch nicht nur ein visuelles Spektakel. Es ist ein Spiel der Macht und Sichtbarkeit, in dem jede politische Strömung versucht, die Oberhand zu gewinnen und ihre Botschaft laut und deutlich zu platzieren. In diesem verwirrenden Geflecht aus Farben und Botschaften sind die Grenzen zwischen Kunst und Propaganda oft fließend. Die Aufkleber sind nicht nur passive Objekte; sie erzählen Geschichten, laden zur Diskussion ein und provozieren Reaktionen.

An vorderster Front dieses Aufkleberkriegs steht Robert Zobel, ein unermüdlicher Kämpfer, der sich mit voller Leidenschaft in diese Auseinandersetzung stürzt. Mit einem scharfen Auge für Details und einem wachen Verstand beobachtet er die Entwicklungen in seiner Stadt. Robert bietet einen einzigartigen Einblick in die Psyche der Aufkleberkrieger, während er von seinen täglichen Kämpfen berichtet – von den Herausforderungen, die mit dem Anbringen seiner eigenen Aufkleber verbunden sind, bis hin zu den Konfrontationen mit gegnerischen Gruppierungen. Sein Humor und seine Entschlossenheit zeichnen ihn aus und machen seine Erlebnisse zu einer fesselnden Lektüre.

In einem aufschlussreichen Interview mit Vincent Hohne, einem weiteren Enthusiasten der Aufkleberkunst, wird deutlich, dass dieser Krieg weit über das Ankleben hinausgeht. Es ist eine kulturelle Auseinandersetzung, die die Werte und Überzeugungen der Menschen widerspiegelt. Sie gibt Einblick in die Seelen der Bürger und die unterschiedlichen Sichtweisen, die die Gesellschaft prägen.

Die Straßen von Schwerin sind mehr als nur ein Schauplatz des Aufkleberkriegs; sie sind ein lebendiger Organismus, in dem sich die Stimmen der Stadt entfalten. In diesem Buch laden wir Sie ein, die Geschichten zu entdecken, die hinter den Aufklebern stecken. Begleiten Sie Robert Zobel auf seiner spannenden Reise durch Schwerin, während er die Kämpfe, die Siege und die Niederlagen der Aufkleberkrieger beschreibt. Erleben Sie, wie aus einem scheinbar banalen Akt des Klebens eine tiefere Bedeutung erwächst – und wie dieser Krieg um Sichtbarkeit und Identität die Stadt und ihre Bewohner prägt.

Kapitel 1: Die Anfänge von Robert Zobel

„Erzählen Sie mir von Ihrer Kindheit, Robert", fragte Vincent Hohne, während er seinen Block und Stift in die Hand nahm, bereit, die ersten Zeilen der Geschichte eines ungewöhnlichen Aufkleberkriegers festzuhalten. Robert Zobel lehnte sich in seinem Stuhl zurück, ein nachdenklicher Ausdruck auf seinem Gesicht.

„Nun, ich bin 1978 in Schwerin geboren worden", begann Robert. „Es war ein Jahr voller Kälte, und der Jahrhundertwinter hatte die Stadt fest im Griff. Ich wurde in einem kleinen Apartment zur Welt gebracht, und meine Geburt war alles andere als gewöhnlich. Meine Mutter brachte mich im Flur zur Welt, und mein Vater schnitt die Nabelschnur selbst durch. Später kam meine Oma und schaute mich an, als wäre ich das Kind eines Naturvolks. Diese Worte blieben mir in Erinnerung, und sie prägten mein erstes Gefühl von Identität."

Robert lehnte sich zurück und ließ seine Gedanken fließen. „Die ersten Jahre waren unbeschwert, obwohl ich oft das Gefühl hatte, ein Schatten in meiner eigenen Familie zu sein. Ich hatte eine sehr distanzierte Beziehung zu meinen Eltern. Sie waren beschäftigt mit ihren eigenen Kämpfen und schienen oft überfordert von der Welt, die um sie herum war. In der Schule fühlte ich mich oft unter Druck gesetzt, während ich versuchte, meinen Platz zu finden. Ich war nie der Beste, aber ich war kreativ. Das Zeichnen und das Experimentieren mit verschiedenen Ausdrucksformen wurden meine Flucht vor der Realität."

„In meiner Jugend begann ich, Videos zu drehen. Es war zwischen 1990 und 1992, als ich die Leidenschaft für das Filmemachen entdeckte. Ich hielt die Straßen von Schwerin und die Menschen, die dort lebten, mit meiner Kamera fest. Ich wollte ihre Geschichten erzählen – die Geschichten von Menschen, die oft übersehen wurden. Diese Zeit war eine Entdeckung für mich, und ich fühlte mich, als könnte ich die Welt beeinflussen, auch wenn es nur für einen kurzen Moment war."

Er seufzte und fuhr fort: „Mit den Jahren begann ich, mich für die politischen Veränderungen um mich herum zu interessieren. Die Wende hatte viele Fragen aufgeworfen, und ich wollte nicht nur ein stiller Beobachter sein. Ich trat in die AfD ein, um meine Überzeugungen in die Tat umzusetzen. Ich wollte meine Kunst mit meinem Engagement verbinden und die Themen ansprechen, die mir am Herzen lagen. Ich verstand, dass die Aufkleber, die ich klebte, mehr als nur Botschaften waren; sie waren ein Teil meiner Identität."

Vincent sah ihn mit Interesse an. „Und die Aufkleber? Was bedeuten sie für dich?"

„Sie sind meine Stimme, Vincent. In einer Stadt, die von unterschiedlichen politischen Strömungen geprägt ist, ist jeder Aufkleber ein Ausdruck meiner Überzeugung. Sie sind nicht nur Sticker, sie sind meine Art, sichtbar zu werden. Während die politischen Kämpfe auf den Straßen toben, bin ich hier, um meine Sichtweise zu vertreten. Ich kämpfe nicht nur für mich selbst, sondern auch für diejenigen, die keinen Platz haben, um ihre Meinung zu äußern."

Mit einem entschlossenen Blick fuhr Robert fort: „Die Straßen von Schwerin sind ein Schlachtfeld, und ich bin bereit, jeden Kampf zu führen, der notwendig ist, um meine Stimme zu erheben und die Wahrheit ans Licht zu bringen."

Kapitel 2: Der Aufruf zum Kampf

In einem schlichten, aber einladenden Café in Schwerin saßen Robert Zobel und Vincent Hohne an einem kleinen Tisch, während der Geruch von frisch gebrühtem Kaffee die Luft erfüllte. Die Wände waren mit Bildern lokaler Künstler dekoriert, und das gedämpfte Licht sorgte für eine gemütliche Atmosphäre. Vincent hatte das Gespräch behutsam in Gang gesetzt und seine Fragen so formuliert, dass Robert sich wohlfühlte und bereit war, zu erzählen.

„Robert, wie hat alles angefangen? Was hat dich dazu bewegt, aktiv in den politischen Kampf einzutreten?", fragte Vincent und sah Robert direkt in die Augen.

Robert nahm einen Schluck von seinem Kaffee, als er die Erinnerung an die jüngsten Ereignisse in seinem Kopf durchging. „Nun, es war ein schleichender Prozess", begann er. „Ich wurde 1978 in Schwerin geboren. Die ersten Jahre waren unbeschwert, aber ich fühlte mich oft wie ein Außenseiter. Meine Eltern waren beschäftigt mit ihren eigenen Problemen, und ich fand Trost in der Kunst. Später, als die politischen Spannungen zunahmen, wurde mir klar, dass ich nicht nur zuschauen konnte. Es war 2021, als der Vorfall mit Martin Schmidt in der Stadt die Dinge für mich ins Rollen brachte."

„Ah, der Vorfall, bei dem er mit einem Aschenbecher beworfen wurde", erinnerte sich Vincent und notierte sich das. „Das hat viel Aufsehen erregt."

„Genau", bestätigte Robert und fuhr fort. „Die Reaktion darauf war unglaublich. Die Antifa klebte Sticker mit der Aufschrift ‚In jeder Kneipe stehen Aschenbecher' in der ganzen Stadt. Es war nicht nur ein Angriff auf einen Politiker, es war ein klarer Aufruf zur Gewalt. Und ich konnte einfach nicht tatenlos zusehen, während meine Stadt in eine Spirale der Aggression abrutschte."

Robert ließ seinen Blick durch das Café schweifen, als er überlegte, wie er seine Gedanken formulieren sollte. „Eine Woche später, nachdem die Aufkleber überall auftauchten, wusste ich, dass ich etwas unternehmen musste. Ich entwarf mehrere Sticker, die sich gegen Gewalt richteten. Ich wollte den Menschen zeigen, dass nicht jeder in der politischen Arena bereit war, zu solchen Mitteln zu greifen."

Vincent nickte und fragte: „Wie hast du diese Sticker dann verbreitet?"

„Es war eine Mischung aus Mut und Verzweiflung", antwortete Robert. „Ich begann, sie überall in Schwerin zu kleben – an Laternenpfählen, Wänden und sogar in Kneipen. Ich wollte, dass meine Botschaft gehört wird, dass es möglich ist, die eigenen Überzeugungen ohne Aggression auszudrücken. Ich wollte, dass die Leute darüber nachdenken, wie sie miteinander umgehen."

Robert lächelte, während er von seinen Aktionen erzählte. „Kunst ist mächtig, und ich wollte, dass meine Sticker die Menschen zum Nachdenken anregen. Ich fühlte mich wie ein Krieger, der für seine Überzeugungen kämpfte, während ich gleichzeitig die sozialen Spannungen in unserer Stadt beobachtete. Der Aufkleberkrieg in Schwerin war für mich nicht nur eine Kunstform, sondern eine Möglichkeit, meine Stimme in der politischen Landschaft zu erheben."

Vincent schrieb eifrig mit und stellte weitere Fragen, die Robert ermutigten, tiefer in seine Gedanken und Beweggründe einzutauchen. So entstand ein faszinierendes Bild von Robert Zobels Kampfgeist und seiner Leidenschaft, der Welt um ihn herum durch Kunst und politischen Aktivismus eine Stimme zu geben.

Kapitel 4: Der Aufkleberkrieg

Die Wände der Stadt Schwerin waren ein Schlachtfeld – ein Ort, an dem politische Ansichten mit bunten, provokanten Aufklebern ausgetragen wurden. Robert Zobel hatte sich dem Kampf verschrieben, nicht nur um seine Stimme zu erheben, sondern auch um ein Zeichen gegen die zunehmende Aggression und die dumpfen Parolen zu setzen, die von verschiedenen politischen Strömungen propagiert wurden.

In der Dämmerung schlich sich Robert durch die Straßen, das Gefühl von Macht und Befriedigung durchströmte ihn, während er die Aufkleber in seiner Tasche fühlte. „Jedes Mal, wenn ich einen aggressiven Aufkleber abreiße oder mit meiner Botschaft überklebe, habe ich das Gefühl, etwas Gutes zu tun", erklärte er in einem Gespräch mit Vincent Hohne, der die Szenerie mit seinem Notizblock festhielt.

„Es ist wie eine kleine Revolution", fuhr Robert fort. „Es ist meine Art, die Gesellschaft von den negativen Einflüssen zu befreien, die uns umgeben. Ich kann nicht tatenlos zusehen, wie Parolen wie ‚Ausländer raus' an jede Wand geklebt werden. Jedes Mal, wenn ich einen solchen Aufkleber mit einem meiner eigenen überklebe, fühle ich mich, als würde ich einen kleinen Sieg erringen."

Vincent hörte aufmerksam zu, während Robert die Emotionen schilderte, die ihn antrieben. „Es ist nicht nur das Aufkleben selbst, sondern auch die Vorstellung, dass ich damit einen Unterschied mache. Ich investiere viel Geld in die Verteilung meiner Aufkleber, weil ich daran glaube, dass es wichtig ist, die richtigen Botschaften zu verbreiten. Es ist eine Art Investition in die Zukunft – in die Zukunft dieser Stadt."

„Und du rechnest damit, dass sie auch von anderen überklebt oder abgerissen werden?" fragte Vincent, während er einige Notizen machte.

„Ja, genau", antwortete Robert und lächelte bei dem Gedanken. „Das gehört dazu. Es ist ein ständiger Kampf, und ich bin mir dessen bewusst. Ich habe meine eigenen Aufkleber und auch die der Antifa gesehen, die übereinander geklebt sind. Es ist ein Katz-und-Maus-Spiel, und ich genieße es, Teil davon zu sein. Wenn ich einen Sticker abreiße, der voller Hass ist, habe ich das Gefühl, dass ich der Stadt etwas zurückgebe. Jeder abgerissene Aufkleber ist ein kleiner Sieg."

Robert blickte aus dem Fenster, während die Lichter der Stadt in der Dämmerung zu funkeln begannen. „Es geht nicht nur um meine Botschaft, sondern auch darum, eine Alternative zu bieten. Menschen sollten die Möglichkeit haben, die Perspektive zu wechseln, und das kann manchmal durch einen einfachen Aufkleber geschehen. Es ist wie ein kleiner Protest, der sich im Stillen entfaltet."

Vincent nickte und sah Robert an. „Das klingt nach einer tiefen Überzeugung. Glaubst du, dass deine Aktionen die Menschen tatsächlich beeinflussen können?"

Robert dachte einen Moment nach. „Ich hoffe es. Wenn auch nur eine Person über die Aufkleber nachdenkt und sich fragt, was dahinter steckt, dann habe ich mein Ziel erreicht. Aber ich bin mir auch bewusst, dass die anderen politischen Gruppen nicht aufgeben werden. Sie werden meine Sticker abreißen oder mit ihren eigenen überkleben. Und genau das ist es, was diesen Aufkleberkrieg so spannend macht. Es ist ein ständiges Hin und Her."

„Und du bist bereit, für deine Botschaft zu kämpfen?", fragte Vincent.

„Absolut. Jeder Aufkleber ist ein kleiner Schritt in die richtige Richtung. Ich bin bereit, dafür zu investieren, auch wenn es bedeutet, dass ich regelmäßig Geld in neue Sticker stecken muss. Ich werde nicht ruhen, bis ich das Gefühl habe, dass meine Stimme gehört wird. Das ist mein Kampf, und ich werde nicht nachlassen.

Kapitel 5: Die Lügen und Vorurteile

Robert Zobel saß in seinem kleinen Arbeitszimmer, umgeben von Aufklebern und Plakaten der verschiedenen politischen Strömungen in Schwerin. Während er an einem neuen Sticker arbeitete, stieg die Frustration in ihm auf. Es war nicht das erste Mal, dass er die Lügen und die negative Propaganda über die AfD hörte. „Ständig wird darauf herumgehackt", murmelte er und kritzelte wütend auf seinem Notizblock. „Als ob wir die Schwulen und queeren Menschen aus der Gesellschaft tilgen wollen. Das ist einfach absurd!"

Er erinnerte sich an die Gespräche, die er mit Freunden innerhalb der Partei geführt hatte. Viele von ihnen waren schwul oder queer und lebten offen in ihren Identitäten. Namen wie Kay Gottschalk und Tobias Tritschler fielen ihm ein – beide sehr sichtbare Persönlichkeiten in der AfD. Sie hatten oft darüber gesprochen, wie wichtig es war, ihre Identität innerhalb der Partei zu zeigen und zu leben. Robert konnte sich nicht erinnern, dass jemals jemand in seinem Umfeld gesagt hatte, dass die AfD gegen schwule Menschen sei.

„Es ist wirklich frustrierend, dass die Menschen solche Lügen glauben", fuhr er fort und klappte den Notizblock zu. „Alice Weidel, die Parteivorsitzende, ist lesbisch und mit einer Asiatin verheiratet! Warum also dieser Schwachsinn?"

Robert nahm einen tiefen Atemzug, während er die Gedanken sortierte. Es war nicht nur die Politik, die ihn störte; es war die Art und Weise, wie mit Informationen umgegangen wurde. Aufkleber, die mit Warnungen bedruckt waren, schossen wie Pilze aus dem Boden.

„Die AfD will Schwule und queere Menschen tilgen", stand auf einem Sticker, den er kürzlich gesehen hatte. Es war frustrierend zu beobachten, wie diese Botschaften die öffentliche Meinung beeinflussten und mit denen, die sich tatsächlich in der Partei wohlfühlten, nichts zu tun hatten.

„Das ist der Grund, warum ich so viele Sticker gegen diese Lügen entwerfe", sagte Robert laut, als ob er mit sich selbst sprach. „Ich will, dass die Leute wissen, dass wir hier sind und dass wir akzeptiert werden. Diese falschen Behauptungen müssen ein Ende haben."

Er dachte an die anderen Aufkleber, die er gesehen hatte: „Die AfD ist eine Bedrohung für die Gesellschaft." Solche Aussagen waren nicht nur falsch, sie waren auch gefährlich. Sie schürten Hass und Misstrauen. „Wir sollten gemeinsam für Toleranz und Akzeptanz kämpfen, nicht uns gegenseitig mit Lügen bekämpfen", murmelte er, während er seine Gedanken aufschrieb.

Robert nahm einen Stift und skizzierte einen neuen Sticker. „Akzeptanz ist der Schlüssel!" war der Slogan, den er sich ausgedacht hatte. „Jeder Mensch verdient Respekt, egal wen er liebt oder wie er aussieht." Er fühlte sich erleichtert, als er die Worte auf das Papier brachte. Es war seine Art, in dieser zunehmend polarisierten Welt eine positive Botschaft zu verbreiten.

Er wusste, dass es nicht einfach sein würde, gegen die Vorurteile anzukämpfen, die tief in der Gesellschaft verwurzelt waren. Aber er war fest entschlossen, die Menschen aufzuklären und zu zeigen, dass die AfD eine vielfältige Gemeinschaft war. „Wenn wir zusammenhalten und die Wahrheit sprechen, können wir diese Lügen entlarven", dachte er. „Das ist mein

Ziel, und ich werde nicht ruhen, bis die Menschen die Realität erkennen."

Kapitel 6: Der Stickerkrieger

Robert Zobel saß in seinem Arbeitszimmer, umgeben von einer bunten Mischung aus Aufklebern, Farben und Materialien. Der Tisch war über und über mit seinen Kreationen bedeckt, und er konnte nicht anders, als stolz auf das zu sein, was er geschaffen hatte. Aber nicht nur die Sticker selbst waren wichtig; es war auch der Ort und die Zeit, an dem und wo er sie anbringen konnte.

„Ich habe einen ganz bestimmten Codex, den ich befolge, wenn ich Sticker klebe", erklärte Robert, während er Vincent gegenübersaß. „Es ist wichtig, die Regeln zu respektieren. Der wichtigste Grundsatz ist, niemals Privateigentum zu bekleben. Das sind nicht nur die besten Aufkleber, die sind auch die, die im Gedächtnis bleiben."

Vincent nickte, während er Notizen machte. „Also klebst du nur an öffentlichen Orten?"

„Genau", bestätigte Robert. „Ich bevorzuge stark frequentierte Bereiche – Parks, öffentliche Plätze und Verkehrsknotenpunkte. Dort sind die Menschen oft in Bewegung, und ich liebe es, die Überraschung in ihren Gesichtern zu sehen, wenn sie meine Botschaften entdecken. Manchmal beobachte ich die Reaktionen der Leute und es macht mich glücklich zu wissen, dass ich etwas Bewusstsein schaffe."

Robert überlegte, während er mit einem Marker an einem Sticker herumkritzelte. „Am liebsten klebe ich meine Sticker nachts, wenn die Straßen leerer sind und die Gefahr geringer ist. Aber auch tagsüber finde ich Gelegenheiten. In der Nähe von Schulen oder Cafés, wo sich viele junge Menschen aufhalten, ist besonders spannend. Es ist die nächste Generation, die wir erreichen müssen."

„Das klingt fast nach einer Art Mission", sagte Vincent und sah Robert aufmerksam an. „Was ist das Wichtigste, was du erreichen willst?"

Robert hielt inne und sah nachdenklich aus dem Fenster. „Ich will die Leute zum Nachdenken anregen. Ich will, dass sie sich fragen: Was bedeutet diese Botschaft? Warum ist sie wichtig? Aufkleber sind einfach, aber sie können eine starke Wirkung haben. Sie sind wie kleine Samen der Veränderung, die ich in der Stadt pflanze."

Er lächelte und fuhr fort: „Ich erinnere mich an einen Abend, als ich einen Aufkleber an einer stark frequentierten Ampel anbrachte. Ein junger Mann hielt an, sah den Sticker und lächelte. Er kam zu mir und sagte: ‚Danke, ich benötigte genau diese Erinnerung.' Das war ein unglaubliches Gefühl."

„Hast du jemals negative Erfahrungen gemacht, während du geklebt hast?", fragte Vincent, während er seine Fragen aufschrieb.

„Ja, es gab Momente, in denen ich konfrontiert wurde", gab Robert zu. „Einige Leute sind nicht glücklich über das, was ich tue. Aber das gehört dazu. Ich bleibe respektvoll und versuche, die Menschen zu überzeugen, dass es wichtig ist, andere Meinungen zu hören. Der Dialog ist entscheidend. Wenn ich mit jemandem spreche, der meine Sticker sieht, kann ich oft eine Diskussion anstoßen, die über das Kleben hinausgeht."

Robert lehnte sich zurück und schaute Vincent direkt an. „Aber ich halte mich immer an meinen Codex. Es gibt Grenzen, die ich nicht überschreiten möchte. Die Kunst des Klebens ist auch eine Kunst des Respekts. Ich möchte nicht, dass meine Botschaften als Vandalismus angesehen werden. Das wäre das Gegenteil von dem, was ich erreichen will."

„Das ist eine bewundernswerte Einstellung", sagte Vincent und lächelte. „Das gibt deinem Aktivismus eine tiefere Bedeutung."

„Ich hoffe, dass ich mit jedem Sticker, den ich klebe, einen Unterschied mache", schloss Robert. „Es geht nicht nur um die Botschaft selbst, sondern auch um die Art und Weise, wie wir diese Botschaften kommunizieren und wie wir miteinander umgehen."

Kapitel 7: Der Aufkleberkrieg intensiviert sich

Die Tage vergingen und der Druck in Schwerin nahm zu. Robert Zobel bemerkte, dass die politischen Spannungen in der Stadt zu einem regelrechten Wettlauf um die Sichtbarkeit der eigenen Botschaft führten. Die Aufkleberkriege eskalierten, und es schien, als ob jede Gruppe versuchte, sich gegenseitig mit ihren Parolen zu übertreffen.

Robert saß an seinem Schreibtisch und betrachtete die neuesten Aufkleber, die er entworfen hatte. „Die letzten Sticker, die ich gesehen habe, waren aggressiv und verleumderisch", erklärte er, während Vincent ihm gegenübersaß. „Es sind kaum noch sachliche Argumente zu hören. Stattdessen wird das Publikum mit Angst und Drohungen bombardiert."

Vincent nickte zustimmend. „Was meinst du, ist der Grund für diesen Anstieg an aggressiven Botschaften?"

„Die Menschen fühlen sich bedroht", antwortete Robert und rieb sich die Schläfen. „Es ist eine Reaktion auf die Unsicherheit, die in der Gesellschaft herrscht. Anstatt zu versuchen, die Wurzeln ihrer Ängste zu verstehen, greifen sie zu hasserfüllten Slogans und übertriebenen Behauptungen. Die Aufkleber werden immer extremer. Es ist nicht nur eine Kunstform mehr, sondern ein richtiges Schlachtfeld geworden."

Er stand auf und ging zu einem der Fenster, um auf die Straßen zu schauen, die vom Licht der Laternen beleuchtet wurden. „Ich sehe die Sticker überall. An jeder Ecke sind sie sichtbar, und die Straßen sind voll von Botschaften, die Spaltung und Hass fördern. Die Aggressivität in diesen politischen Kämpfen macht mir Angst."

„Hast du eine Strategie, um dem entgegenzuwirken?" fragte Vincent, während er sich Notizen machte.

„Ich versuche, in diesem Durcheinander der Botschaften meine eigene Stimme zu behaupten", erklärte Robert. „Ich plane, einen neuen Sticker zu kreieren, der klarstellt, dass ich für Toleranz und Respekt stehe. Er soll eine direkte Antwort auf die aggressiven Aufkleber sein. Ich will zeigen, dass es Alternativen zu diesem Hass gibt. Wir brauchen ein Zeichen der Einheit in dieser polarisierten Welt."

Vincent warf einen Blick auf die bunten Sticker, die auf dem Tisch verteilt lagen. „Das ist eine mutige Haltung", sagte er. „Glaubst du, dass die Leute bereit sind, zuzuhören?"

„Ich hoffe es", antwortete Robert nachdenklich. „Aber ich bin mir auch bewusst, dass es schwierig wird. Viele Menschen sind so in ihrer eigenen Sichtweise gefangen, dass sie nicht bereit sind, zuzuhören. Ich werde nicht aufgeben, weil ich daran glaube, dass Kunst und Kommunikation Brücken bauen können."

Robert erinnerte sich an eine Nacht, in der er mit einigen Freunden durch die Stadt gezogen war, um Sticker zu kleben. „Es war eine Mischung aus Nervosität und Aufregung. Wir wollten alle eine positive Botschaft verbreiten und uns gegen den Negativismus der anderen Gruppen stellen. Wir haben gelacht, während wir die Aufkleber anbrachten, und das Gefühl der Solidarität war stark."

Vincent lächelte. „Das klingt nach einer wichtigen Erfahrung. Hast du das Gefühl, dass deine Aufkleber die Menschen zum Nachdenken anregen?"

„Ja, ich hoffe es", sagte Robert. „Wenn ich sehe, dass jemand inne hält und meine Botschaft liest, gibt mir das Hoffnung. Es ist diese kleine Interaktion, die zählt. Auch wenn die Menschen nicht sofort reagieren, könnte es sein, dass meine Botschaft in ihren Köpfen bleibt."

„Und was ist mit den negativen Reaktionen?", fragte Vincent. „Hast du jemals Angst, dass deine Sticker entfernt oder überklebt werden?"

Robert zuckte mit den Schultern. „Das gehört zum Spiel. Es wird immer Menschen geben, die versuchen, andere Stimmen zum Schweigen zu bringen. Aber das hält mich nicht auf. Ich glaube, dass es wichtig ist, weiterzumachen und das zu tun, was ich für richtig halte. Ich lasse mich nicht von der Angst leiten. Der Aufkleberkrieg ist mehr als nur eine Kunstform; es ist eine Bewegung."

„Es klingt, als hättest du eine klare Vision für deine Rolle in diesem Kampf", sagte Vincent, während er sich auf das nächste Thema vorbereitete. „Wo siehst du dich in der Zukunft dieser Bewegung?"

„Ich will weiterhin für Toleranz und Akzeptanz kämpfen", antwortete Robert entschlossen. „Und ich werde weiterhin Sticker kreieren, die eine Botschaft der Hoffnung verbreiten. Mein Ziel ist es, die Menschen zu inspirieren und zu ermutigen, ihre Stimme zu erheben. Es gibt immer einen Weg, einen Dialog zu führen – und genau das werde ich tun."

Kapitel 8: Neue Stickerideen

Robert Zobel und Vincent Hohne saßen in Roberts Arbeitszimmer, umgeben von Aufklebern und kreativen Materialien. Robert war voller Ideen, wie er die Bücher von Herold zu Moschdehner in seine Stickerdesigns einfließen lassen könnte. „Ich denke, wir können einige wirkliche Titel nutzen, die die Leute ansprechen und gleichzeitig wichtige Botschaften transportieren", begann er.

1. **„Ein Reichsbürger packt aus"**
   - ○ **Sticker-Design**: Eine dynamische Illustration eines geöffneten Buches mit einer künstlerischen Darstellung von Zensur und Geheimnissen.
   - ○ **Untertitel**: „Befreie dich von der Unterdrückung – sei die Stimme der Wahrheit!"
2. **„Die heilsamen Masturbationsorte von Zarbex"**
   - ○ **Sticker-Design**: Ein humorvolles Bild, das mit verschiedenen Symbolen von Orten spielt, die Freiheit und Selbstentfaltung repräsentieren.
   - ○ **Untertitel**: „Erkunde die Freiheit des Körpers – jeder Ort ist heilig!"
3. **„Mein früheres Leben in Venedig"**
   - ○ **Sticker-Design**: Eine mystische Darstellung von Venedig mit nostalgischen Elementen und Symbolen der Wiedergeburt.
   - ○ **Untertitel**: „Vergangenheit und Zukunft vereint – erlebe die Wiedergeburt!"
4. **„Das geheime Liederbuch der Skull & Bones"**
   - ○ **Sticker-Design**: Ein geheimnisvolles Bild mit Symbolen, die auf geheime

Gesellschaften und deren Einflüsse
hinweisen.
- o **Untertitel:** „Enthülle die Geheimnisse
  der Mächtigen – Wissen ist Macht!"
5. **„Die Aufarbeitung der RKI-Files"**
- o **Sticker-Design:** Ein Bild, das Daten und
  Statistiken symbolisiert, verbunden mit
  der Botschaft der Aufklärung.
- o **Untertitel:** „Fakten über Fiktion –
  schütze dich mit Wissen!"

„Ich will, dass diese Sticker nicht nur Aufmerksamkeit
erregen, sondern auch eine Diskussion anstoßen",
erklärte Robert. „Die Werke von Herold zu
Moschdehner sind voller inspirierender Ideen, und ich
möchte, dass die Menschen diese Botschaften sehen
und darüber nachdenken."

Vincent war beeindruckt. „Das klingt nach einem
großartigen Ansatz. Diese Sticker könnten in der Stadt
wirklich Aufsehen erregen und die Menschen
inspirieren."

Robert nickte zustimmend. „Genau! Ich will, dass
meine Sticker überall in Schwerin verteilt werden. Wir
müssen die Leute erreichen und zeigen, dass es auch
in der politischen Landschaft Platz für Kreativität und
eine positive Botschaft gibt."

Kapitel 10: Der philosophische Aufkleberkrieg

Der Aufkleberkrieg in Schwerin war mehr als nur ein einfacher Akt des Klebens; er war ein Spiegelbild der gesellschaftlichen Spannungen, der politischen Überzeugungen und der tief verwurzelten Ideologien, die in der Stadt lebendig waren. Robert Zobel stellte sich oft die Frage: Was steckt hinter diesen Aufklebern? Sind sie nur einfache Ausdrucksformen, oder sind sie Teil eines größeren philosophischen Kampfes um Identität und Wahrheit?

In einem langen Video-Interview, das Robert mit einem Philosophen der Stadt führte, ging es um die symbolische Bedeutung der Aufkleber und die Dynamik, die sie innerhalb der Gesellschaft erzeugen. Der Philosoph erklärte, dass die Aufkleber als „visuelle Rhetorik" fungieren, die es den Menschen ermöglicht, schnell und prägnant Botschaften zu kommunizieren. „In einer Zeit, in der die öffentliche Debatte oft polarisiert ist, werden Aufkleber zu einem Mittel, um eine eigene Stimme zu erheben", sagte er.

Robert erinnerte sich an seine eigenen Erfahrungen, als er zum ersten Mal auf einen provokativen Aufkleber stieß. Es war ein einfacher Sticker mit der Aufschrift „Hass ist keine Lösung". Diese Worte hatten für ihn eine tiefgreifende Wirkung. „Es sind diese kleinen Erinnerungen, die uns dazu bringen, über unser eigenes Verhalten und unsere Überzeugungen nachzudenken", reflektierte er. „Jeder Aufkleber ist eine Herausforderung, ein Aufruf zur Auseinandersetzung mit den eigenen Ansichten."

Im weiteren Verlauf des Interviews ging der Philosoph auf die Dualität der Aufkleber ein: Sie können sowohl zur Stärkung als auch zur Spaltung beitragen. „Es ist faszinierend, wie ein kleiner Sticker eine große Welle der Emotionen und Reaktionen auslösen kann. Er kann Solidarität fördern oder Aggression schüren", erklärte er. Robert nickte zustimmend und erkannte, dass er selbst Teil dieser Dynamik war. Sein eigenes Streben, die Stadt von starren Ideologien zu befreien, war gleichzeitig eine Suche nach persönlicher Identität.

„Aber was ist die Wahrheit?", fragte Robert. „Wie können wir sicher sein, dass unsere Botschaften das Richtige sind?" Der Philosoph antwortete: „Wahrheit ist subjektiv und wird durch unsere Erfahrungen und Überzeugungen gefiltert. Der Aufkleberkrieg ist also nicht nur ein physischer Kampf, sondern auch ein Kampf um die Deutungshoheit über die Wahrheit."

Diese Erkenntnis brachte Robert zum Nachdenken. Er verstand, dass seine Aufkleber nicht nur eine Antwort auf die politischen Feindbilder waren, sondern auch ein Teil seines eigenen Prozesses, sich in einer komplexen Welt zu orientieren. Jeder Sticker, den er klebte, war eine Art Manifest, ein Ausdruck seiner Ansichten und seiner Identität in einer sich ständig verändernden gesellschaftlichen Landschaft.

„Es geht nicht nur darum, eine Botschaft zu verbreiten, sondern auch darum, wie wir als Gemeinschaft auf diese Botschaften reagieren", bemerkte Robert. „Könnten wir nicht auch in der Vielfalt der Meinungen eine Möglichkeit finden, uns gegenseitig zuzuhören und zu lernen?"

Der Philosoph lächelte und sagte: „Das ist der Schlüssel. Indem wir auf die Botschaften um uns herum achten, können wir ein tieferes Verständnis für die Meinungen und Überzeugungen unserer Mitmenschen entwickeln.

Vielleicht können wir durch den Aufkleberkrieg einen Dialog eröffnen, der über das Kleben hinausgeht."

Das Gespräch hinterließ bei Robert einen bleibenden Eindruck. Er erkannte, dass der Aufkleberkrieg nicht nur ein persönlicher Kampf war, sondern auch eine Chance für die Gemeinschaft, sich mit den Herausforderungen auseinanderzusetzen, die sie teilen. Es war ein Aufruf zur Reflexion, zur Auseinandersetzung mit der eigenen Identität und den Werten, die man vertritt.

In den folgenden Tagen beschäftigte sich Robert immer wieder mit diesen Gedanken. Er sah seine Aufkleber nicht mehr nur als politische Statements, sondern als Teil einer größeren philosophischen Diskussion über Identität, Wahrheit und Gemeinschaft. Jeder Sticker wurde zu einem Schritt in einem Prozess, der sowohl ihn selbst als auch die Menschen um ihn herum veränderte.

Kapitel 11: Vision in die Zukunft

In der kühlen Dämmerung, als der letzte Lichtstrahl hinter den alten Gebäuden von Schwerin verschwand, saß Robert Zobel in seinem Arbeitszimmer und starrte nachdenklich aus dem Fenster. Die Stadt hatte sich verändert; die Aufkleber, die er in den letzten Jahren überall platziert hatte, hatten nicht nur die Wände, sondern auch die Herzen der Menschen erreicht. Immer häufiger hörte er positive Rückmeldungen und die Gespräche über die Aufkleber wurden lebhafter.

Robert hatte eine Vision. In seiner Vorstellung war die Stadt von einem regen Austausch von Ideen geprägt, der durch die Aufkleberbewegung ins Rollen gekommen war. Menschen kamen zusammen, um über ihre Meinungen zu diskutieren, und nicht, um sich in den Kategorien von „wir" und „die anderen" zu verlieren. Der Aufkleberkrieg hatte den Grundstein für eine neue Kultur des Dialogs gelegt.

Er sah die Menschen, die an verschiedenen Orten in der Stadt zusammenkamen – am **Marktplatz**, im **Schlosspark** und in den **Cafés der Altstadt**. Es gab regelmäßige Treffen, bei denen die Bürger ihre Sichtweisen austauschten und kreative Workshops abhielten, um neue Botschaften zu entwickeln. „Stickers for Change" wurde zu einer Bewegung, die nicht nur in Schwerin, sondern in ganz Mecklenburg-Vorpommern Wellen schlug.

In dieser Zukunft war die Stadt nicht mehr nur ein Ort des Kampfes um politische Ideale, sondern ein Schmelztiegel der Kulturen und Ideen. Junge Künstler und Aktivisten waren inspiriert von den ursprünglichen Aufkleberkriegern und trugen mit ihren kreativen Beiträgen zur Vielfalt der Stadt bei. Robert stellte sich vor, wie sie gemeinsam eine Wand mit ihren Botschaften und Kunstwerken gestalteten, die die Stadt in ein lebendiges Kunstwerk verwandelte.

Die alten Feindschaften zwischen den politischen Strömungen schienen in dieser Vision zu verblassen. Die Menschen erkannten, dass sie durch das Teilen ihrer Geschichten und Perspektiven die tiefen Gräben zwischen ihren Überzeugungen überbrücken konnten. Die Sticker, die einst als aggressive politische Aussagen gedacht waren, entwickelten sich zu Symbolen des Miteinanders.

Robert war begeistert von dieser Vorstellung. „Wenn ich mit einem einfachen Aufkleber so viel bewegen kann, was könnte ich dann erreichen, wenn wir alle gemeinsam an einem Strang ziehen?", fragte er sich. Der Gedanke, dass die Menschen in Schwerin in der Lage waren, ihre Differenzen zu überwinden, erfüllte ihn mit Hoffnung.

Aber er wusste auch, dass der Weg dorthin nicht einfach sein würde. Trotz der positiven Entwicklung gab es immer noch Widerstände. Die politischen Konflikte, die tief in der Gesellschaft verankert waren, ließen sich nicht so leicht beseitigen. Doch Robert war entschlossen, weiterzumachen. „Jeder Aufkleber, den ich anbringe, ist ein Schritt in die richtige Richtung", dachte er.

Mit einem neuen Elan machte sich Robert daran, weitere Sticker zu entwerfen. Er wollte die positive Vision, die ihm in den Sinn gekommen war, auf die Straßen Schwerins bringen. „Wir werden die Menschen nicht nur mit Botschaften konfrontieren, sondern sie einladen, Teil der Veränderung zu werden", erklärte er sich selbst.

In dieser Vision von Schwerin sah er nicht nur einen Aufkleberkrieg, sondern eine Bewegung für den Wandel, die von jedem Einzelnen ausgehen konnte. Robert wusste, dass er Teil von etwas Größerem war und dass sein Kampf für die Wahrheit und den Dialog niemals umsonst war.